This Book Belongs To:

____

____

____

Test Your Color

Test Your Color

Test Your Color

Test Your Color

Test Your Color

Test Your Color

Test Your Color

Test Your Color

Test Your Color

Test Your Color

Test Your Color

Test Your Color

Test Your Color

Test Your Color

Test Your Color

Test Your Color

Test Your Color

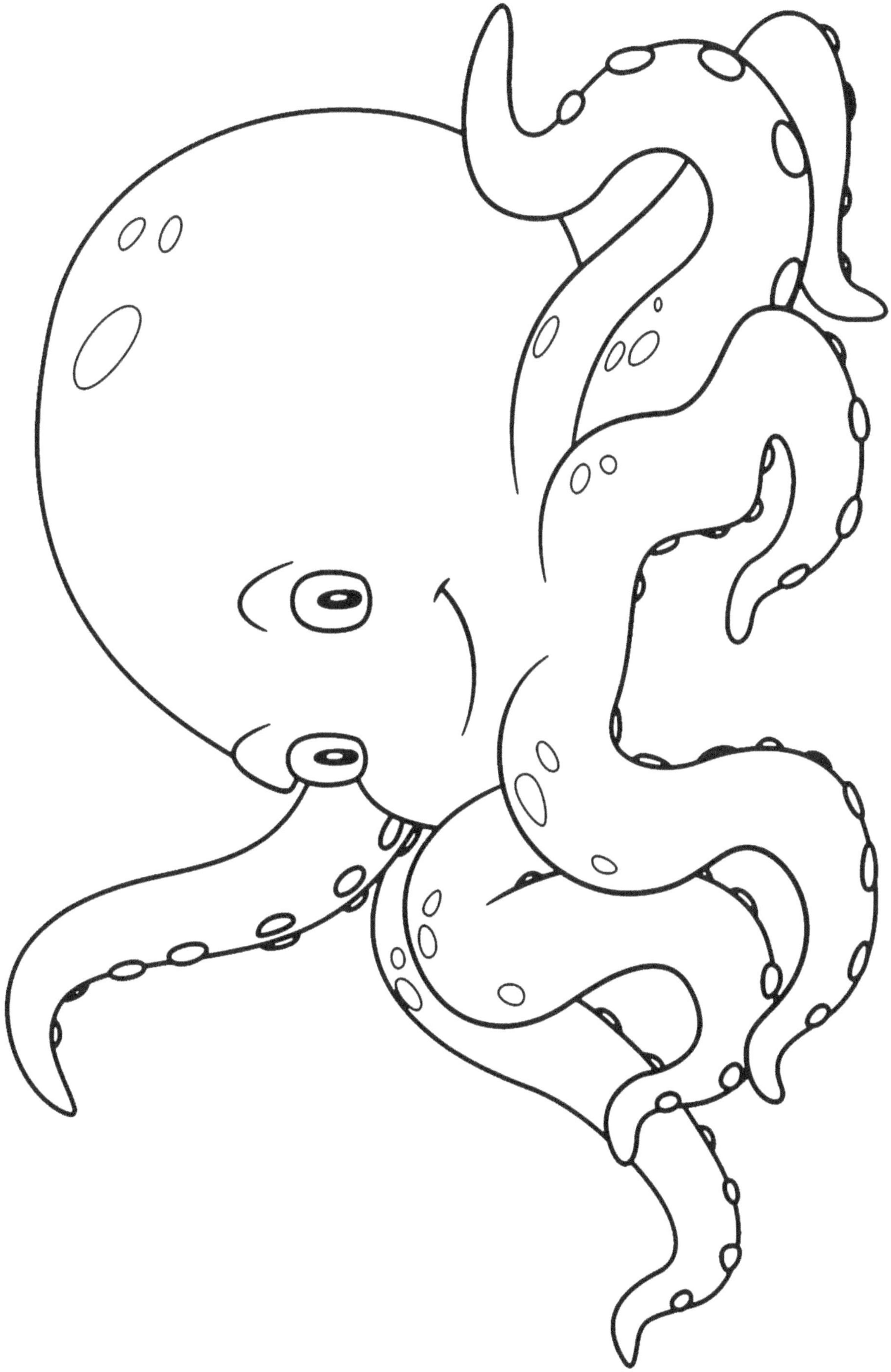

Test Your Color

Test Your Color

Test Your Color

Test Your Color

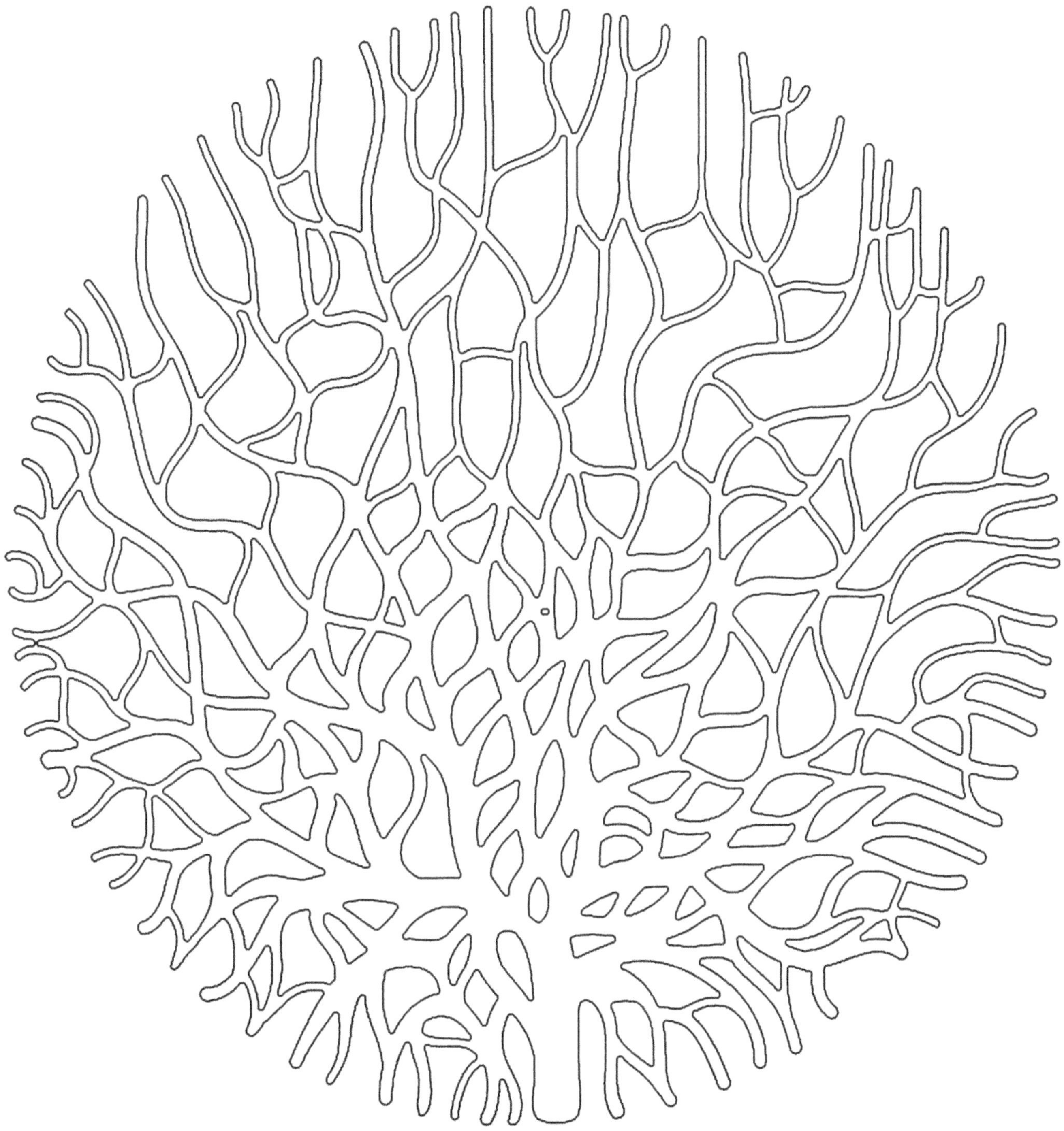

Test Your Color

Test Your Color

Test Your Color

Test Your Color

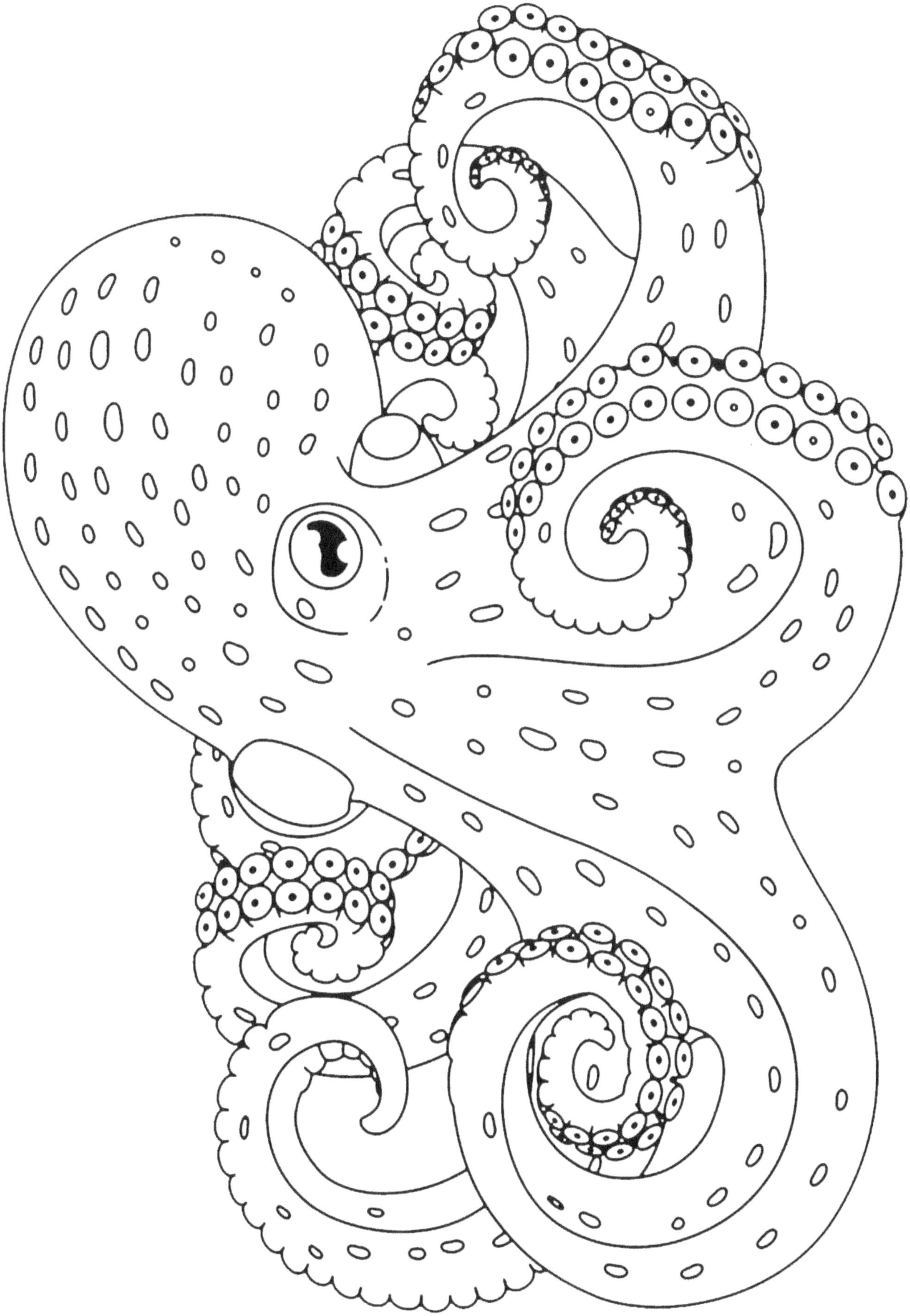

Test Your Color

Test Your Color

Test Your Color

Test Your Color

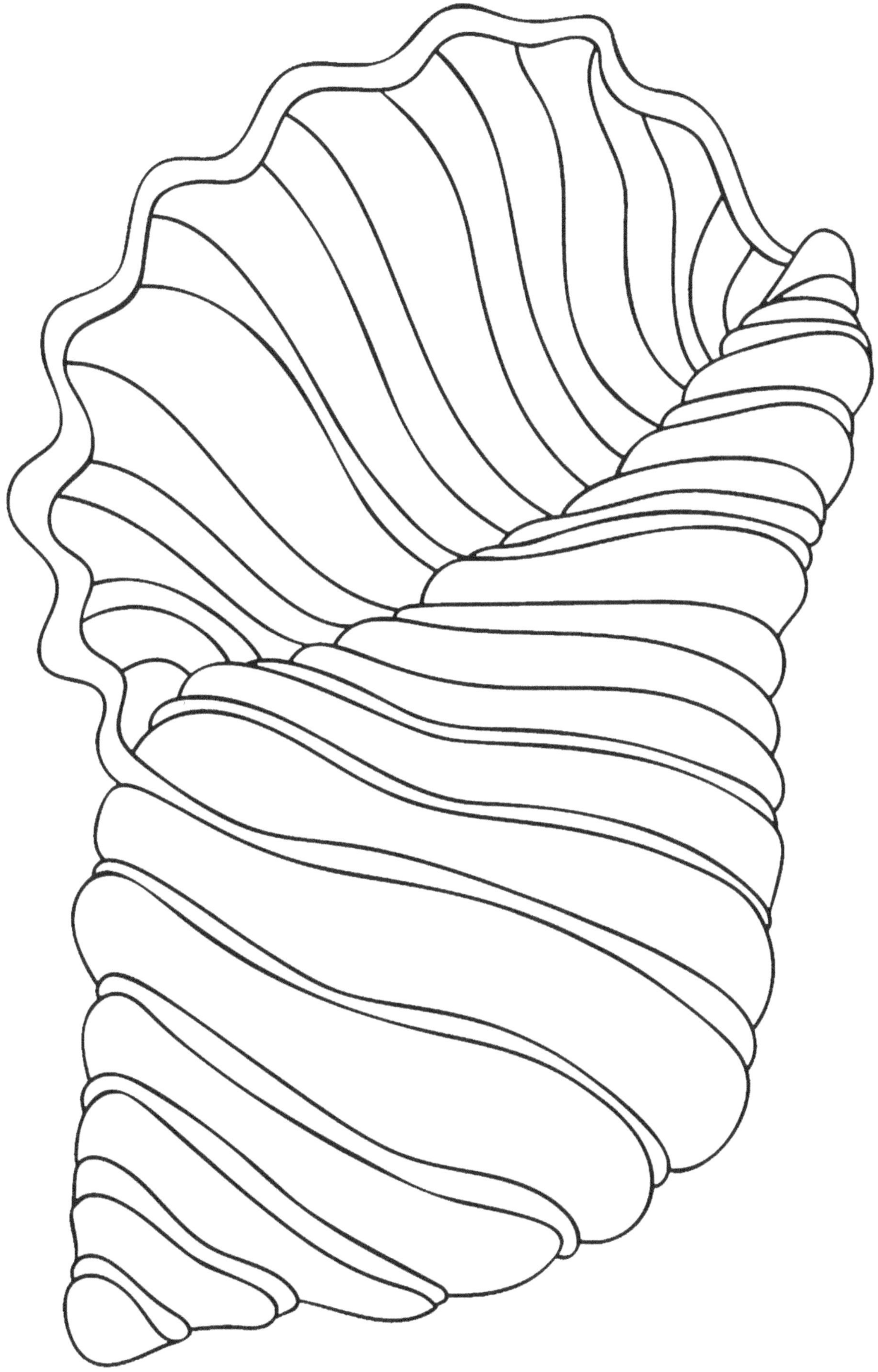

Test Your Color

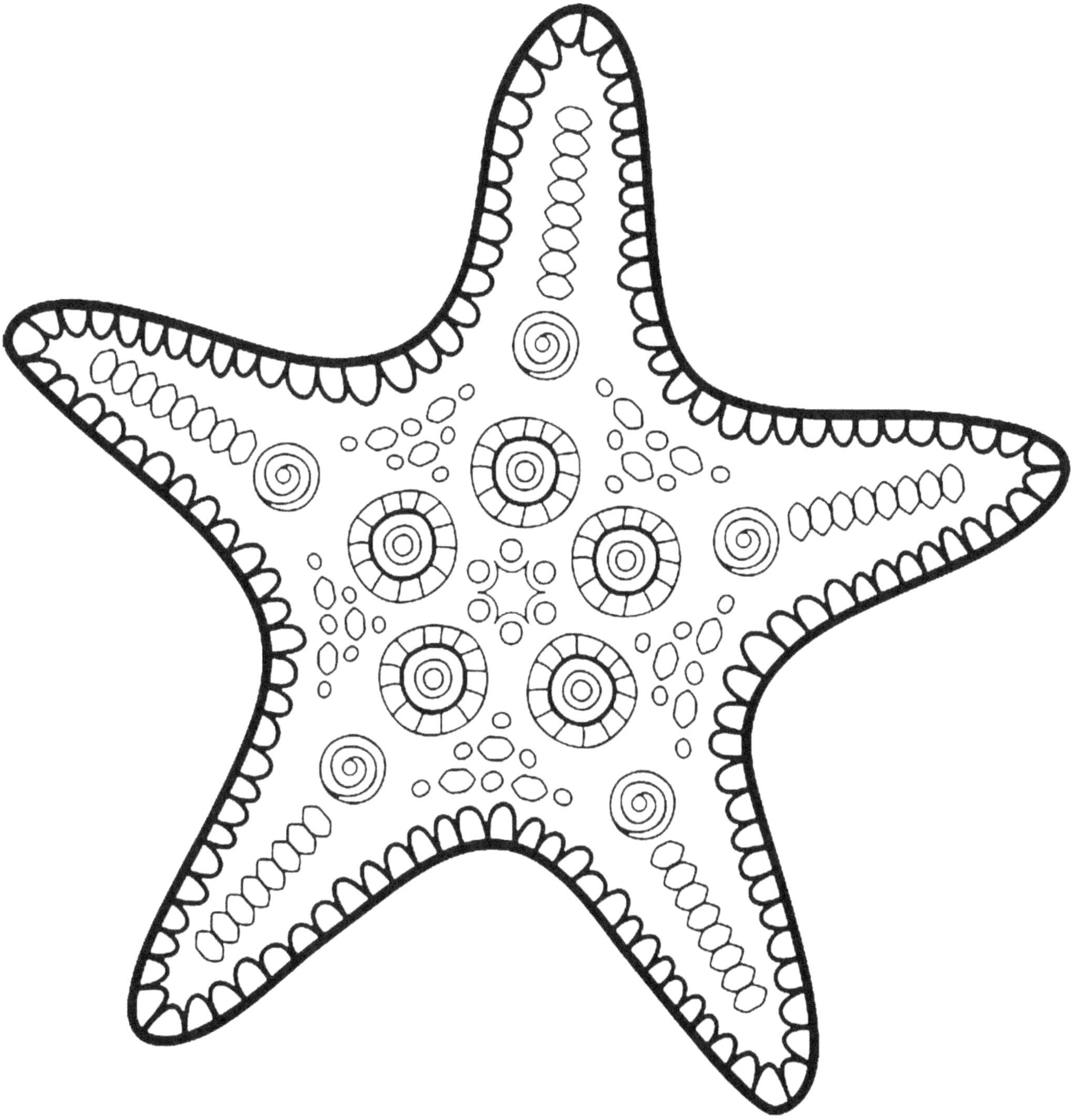

Test Your Color

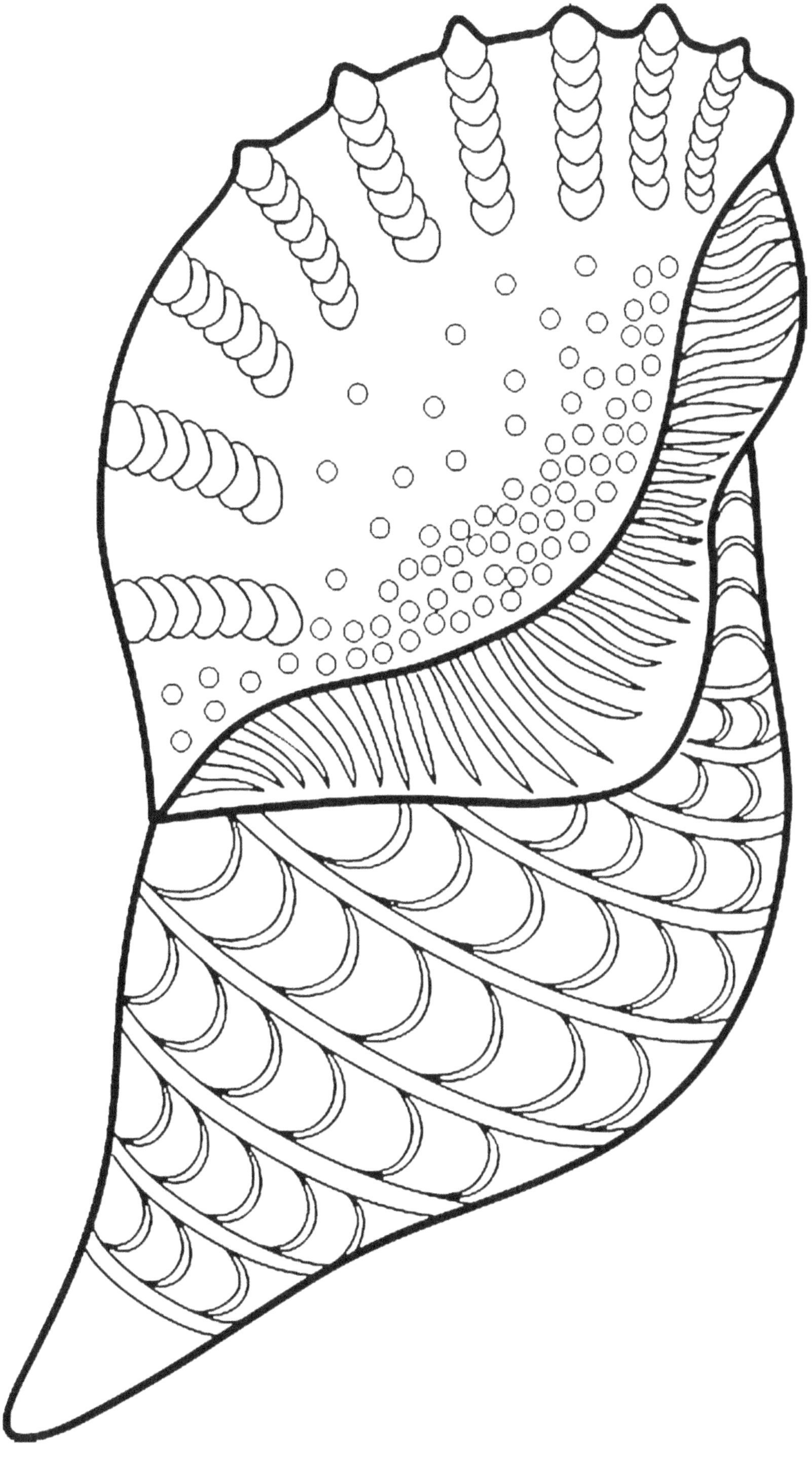

Test Your Color

Test Your Color

Test Your Color

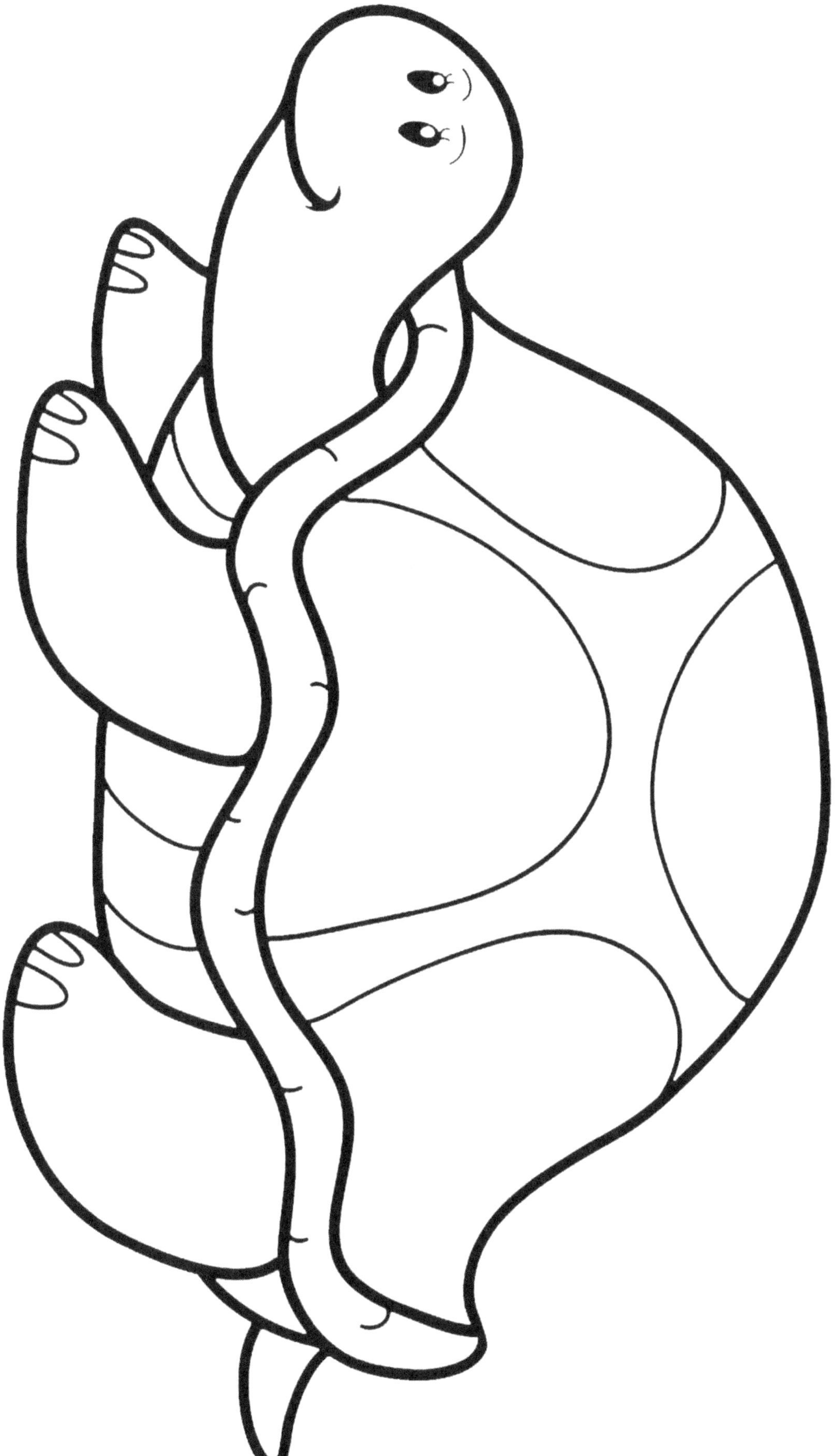

Test Your Color

Test Your Color

Test Your Color

Test Your Color

Test Your Color

Test Your Color

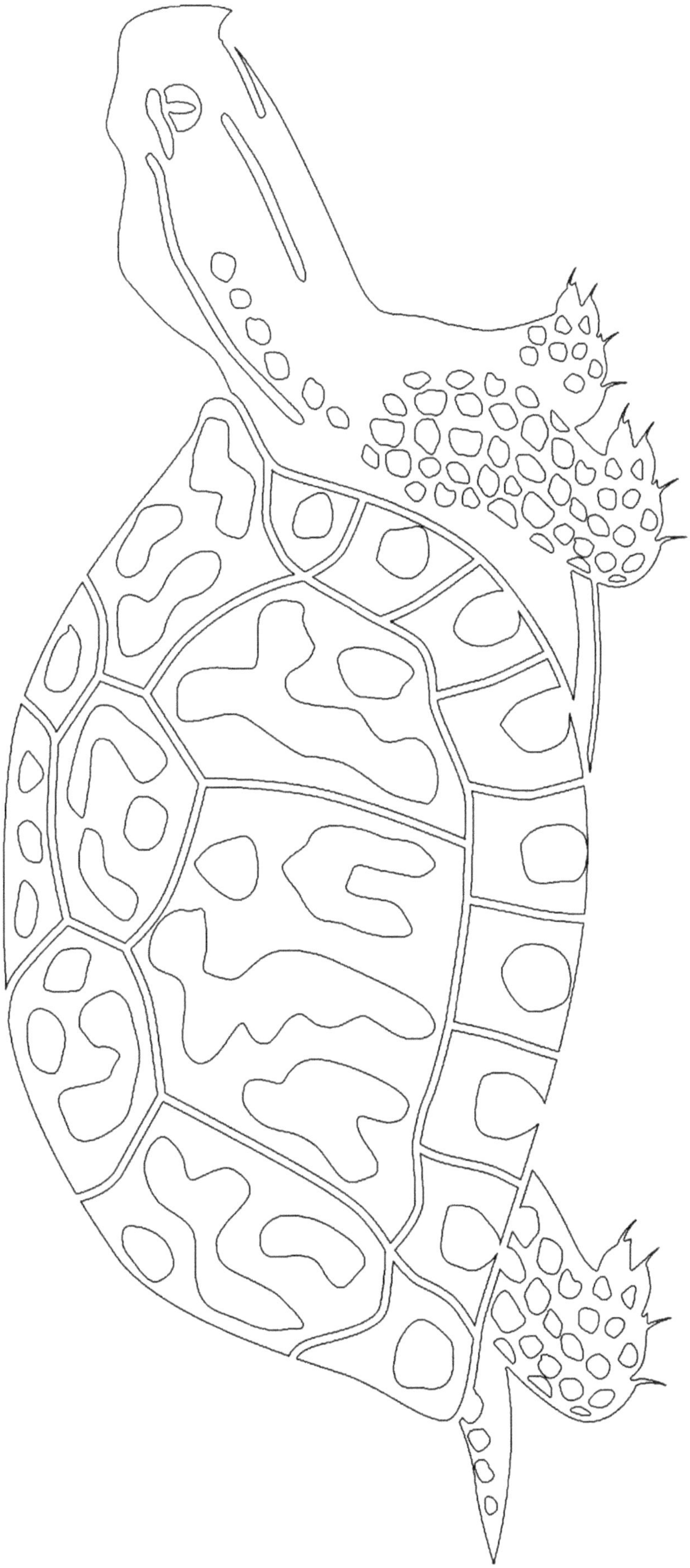

Test Your Color

SHARK

Test Your Color

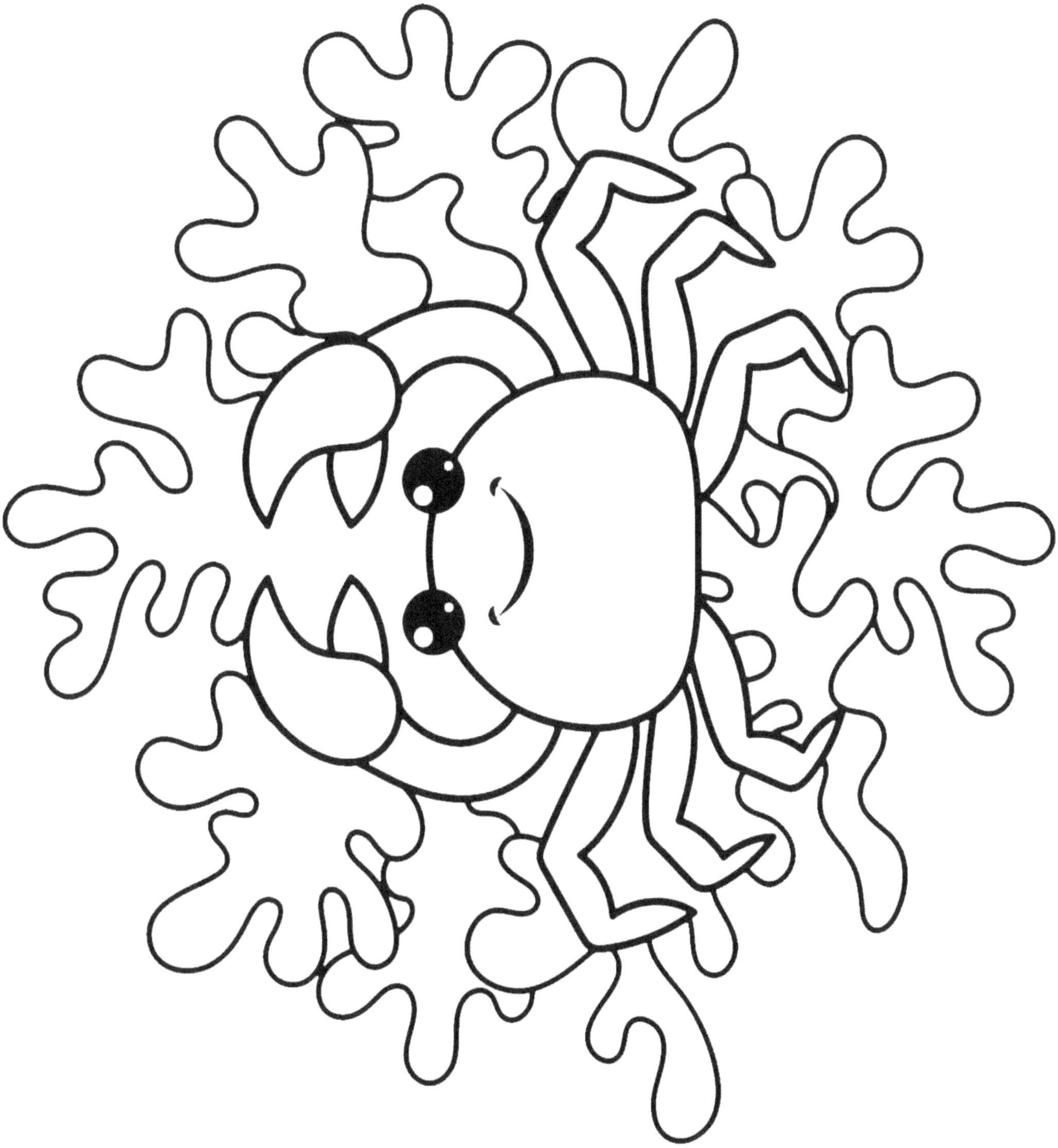

Test Your Color

SEA LIFE

Test Your Color

Test Your Color

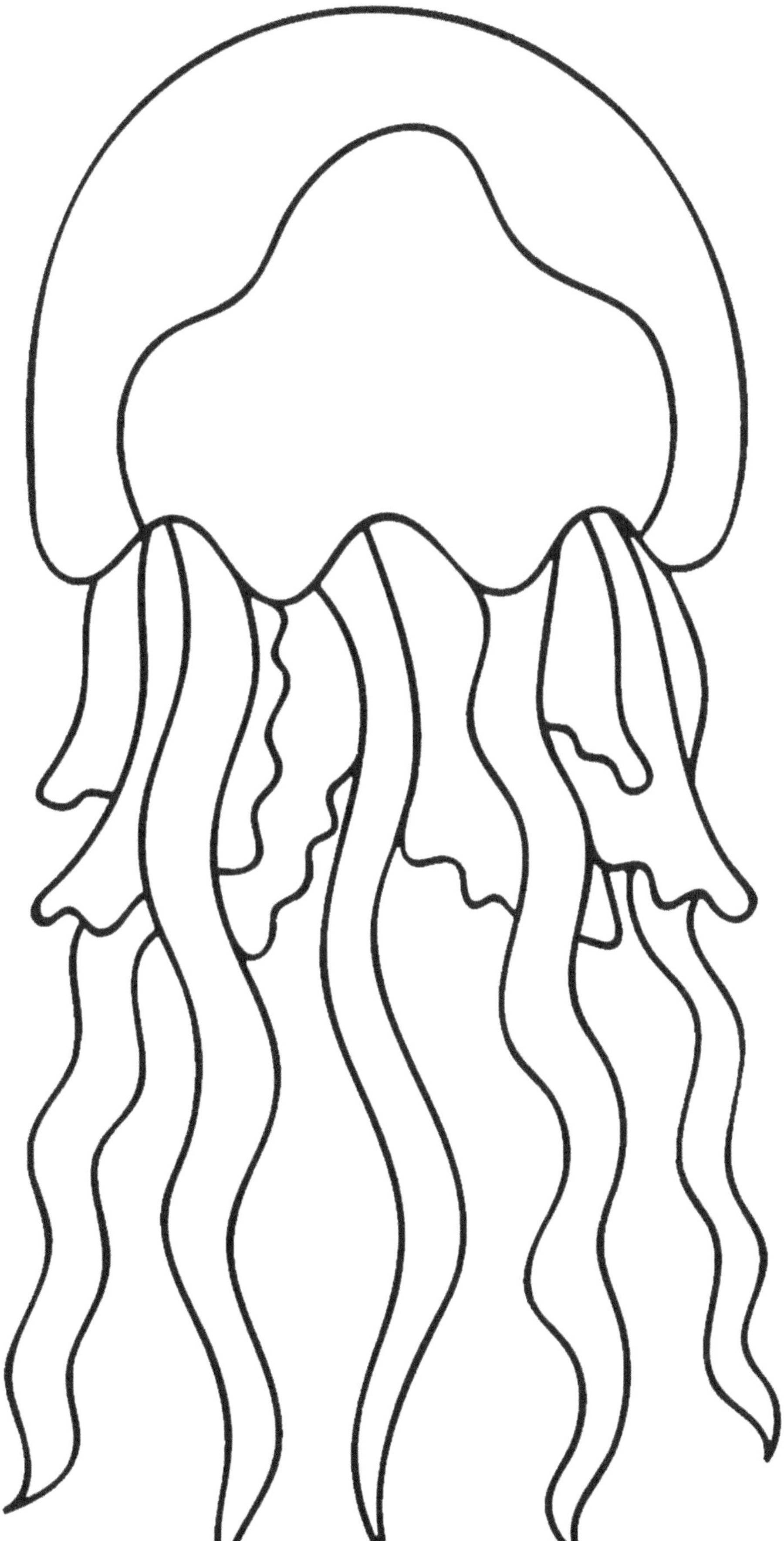

Test Your Color

Test Your Color

Test Your Color

Test Your Color

Test Your Color

www.ingramcontent.com/pod-product-compliance
Lightning Source LLC
Chambersburg PA
CBHW080848220526
45467CB00008B/2435
* 9 7 9 8 6 8 6 5 1 3 1 1 2 *